LA LÉGITIMITÉ

C'EST

LA RÉPUBLIQUE

PAR

UN LOGICIEN CAMPAGNARD

DIJON

IMPRIMERIE ET LITHOGRAPHIE F. CARRÉ

40, rue Amiral-Roussin, 40

—

1878

LA LÉGITIMITÉ
C'EST LA RÉPUBLIQUE·

Dès notre plus tendre enfance, nous entendions souvent nos grands-parents parler de la légitimité, gémir sur le sort des émigrés, pleurer le sort de l'infortuné Louis XVI.

Parfois ils nous faisaient frémir d'horreur en nous montrant la tête de ce pauvre roi tombant au son du tambour.

Ils nous rappelaient la Révolution, 93, la République; ils nommaient Marat, Robespierre, Danton; ils vantaient l'excellence de la légitimité et maudissaient la République.

Après la Révolution de février, nous entendions exalter les principes républicains, maudire la branche aînée des Bourbons et la branche cadette.

Un peu plus tard, on parlait de l'excellence du régime impérial, on disait monts et merveilles du premier Bonaparte, et on acclamait le second empire comme le gouvernement par excellence.

En présence de tant d'affirmations contradictoires, notre raison, devenue assez robuste pour comparer des idées entre elles et pour s'arrêter à la plus vraie, se mit en quête de rechercher la vérité.

Elle s'arrêta à cette idée, que la véritable question à ré-

soudre n'était pas de savoir quel était le meilleur des gouvernements, mais quel était le gouvernement le plus
légitime, car le plus légitime doit être le meilleur, si
la raison humaine n'est pas une fausse lumière destinée à
leurrer, à égarer et à faire le tourment des êtres qui en
sont doués.

Car une fois ce gouvernement légitime logiquement dé-
signé, chacun devra s'incliner devant ce vrai souverain,
devant cette seule forme vraie du pouvoir, devant le seul
gouvernement digne de régir des sociétés d'êtres nés intelligents et libres, des nations marchant au progrès par la
raison, la sagesse et la liberté.

C'est donc sur cette question de légitimité que nous
avons réfléchi; ce sont ces réflexions, que l'amour de la
patrie, de la justice, du droit et de la vérité, nous a incité
à livrer à l'opinion publique.

Nous pensons avoir trouvé et démontré logiquement sur
quelle forme de gouvernement repose la légitimité; aussi
avons-nous cru amener à notre conviction les hommes de
bonne foi, les amis de la saine raison.

Puisse notre espérance se réaliser dans l'intérêt de la
France et de l'humanité!

Car plus on groupera les patriotes, plus on renforcera le
faisceau des intelligences droites, plus tôt sera formée cette
grande unité nationale qui rend les peuples invincibles, et
les place au premier rang dans les luttes de la science, des
arts et de l'industrie;

Et plus tôt sonnera à l'horloge de la civilisation l'heure
de la réconciliation générale des peuples par la connaissance
de la vérité politique et de la fraternité universelle.

Nos réflexions sont divisées en cinq chapitres.

La première rappelle la liberté de l'homme, d'où naissen

sa responsabilité, sa moralité, sa dignité, et ces éminentes qualités qui en font le chef-d'œuvre des êtres intelligents.

Dans les quatre autres chapitres nous tirons de la liberté les conséquences qui nous conduisent, par une marche logique, à la démonstration rigoureuse du gouvernement légitime.

En les livrant au public, nous regrettons de lui donner sur un sujet si intéressant, si important, les idées d'un campagnard obscur.

Car elles eussent exercé plus d'influence, si elles eussent été dues à la plume d'un auteur connu.

Mais quelles que soient notre infériorité et notre obscurité, l'opinion publique ne nous refusera pas les sympathies réservées à un véritable ami du progrès, à un bon patriote, à tout écho fidèle de la vérité.

CHAPITRE PREMIER

L'homme est né libre — Réponse à une objection

C'est un fait acquis, hors de conteste, il y a des principes et des lois antérieurs et supérieurs aux lois positives, et quelle que soit l'autorité ou la situation sociale d'un homme, il lui est tout à fait impossible de les annihiler, de les arracher du cœur de l'humanité, cet indestructible airain sur lequel une main invisible les a gravés.

Des individualités funestes, des monstres passagers, parfois tout-puissants, ont pu momentanément les obscurcir, les faire, pour ainsi dire, disparaître, en incarcérant, en opprimant, en faisant mourir de froid et de faim ceux qui en étaient les dignes représentants. Mais ceux-ci à peine disparus, l'humanité serrait ses rangs comme une armée sur un champ de bataille, le vide se comblait; les principes éternels demeuraient brillants, lumineux comme un phare, sur la conscience humaine.

Parmi ces principes inscrits par la nature au fond de l'intelligence, il en est un admirable, fécond, immense comme l'espace infini. Désespoir des puissances illégitimes, spectre vengeur de la tyrannie et de l'oppression, ange tutélaire, espoir suprême des peuples toujours persécuté, poursuivi, traqué, odieusement calomnié; ceint du radieux bandeau de la justice et du progrès, errant dans l'humanité qui l'attend comme un autre Messie, il cherche à rassembler les débris épars de son trône disparu, que se sont partagés l'erreur, le mensonge et l'usurpation.

Ce principe, c'est la *Liberté*.

O Liberté sainte, émanation divine, qu'est-il besoin de te nommer, et qui ne te reconnaîtrait sous ces traits?

N'es-tu pas toujours la proscrite, l'errante infortunée?

N'as-tu pas aussi tes milliers de saints et tes myriades de martyrs?

Et les races humaines n'ont-elles pas tressailli, en entendant prononcer ton nom, dans le dernier soupir du Christ?

Oui, les hommes sont sortis des mains de la Nature avec le don précieux de la liberté; avec le droit inaliénable de demeurer libres, de se défendre et de s'insurger contre les contempteurs de l'œuvre divine.

Car, en jetant dans l'infinité de l'espace et de la durée cet être étonnant, merveilleux, que le génie confondu de Pascal a qualifié de monstre incompréhensible, Dieu lui a dit : O homme, voici la clef du trésor de mes libertés, puises-y sans cesse, c'est ton droit, c'est ton devoir; je t'ouvre à cet effet un crédit illimité! Tu me rendras compte, lorsque je le jugerai à propos, de la somme immense de libertés que tu y auras puisée.

Va, viens, agite-toi, fonde la famille, établis des sociétés, rends-toi maître des éléments; assujettis-les à ton empire souverain; pénètre les lois mystérieuses de la création. Les limites de ta pensée et de ton génie, voilà les seules bornes assignées à l'expansion de ta liberté.

Et ces mots sublimes, qui les a répétés à l'homme, qui les lui redit sans cesse, à travers les siècles, à travers les âges, à chaque seconde de la durée? c'est la puissance imposante du sens intime, c'est sa conscience; c'est la saine philosophie.

L'Église catholique elle-même chargée, d'après sa doctrine, du dépôt précieux de la vérité religieuse, l'Église qui, en matière dogmatique, a la prétention d'assigner des bornes à la raison et à l'exercice de la liberté de l'homme, l'Église elle-même a pour base exclusive, essentielle, de ses dogmes et de ses croyances, le dogme de la liberté humaine. Elle proclame l'homme libre dans le choix de ses actes les plus grands ou les plus minimes. Tous ses docteurs les plus éminents, tous ses champions, tous ses défenseurs les plus intrépides, ont toujours défendu et prouvé à ses adversaires la véracité du dogme de la liberté de l'homme.

Si sur certaines questions la foi et la raison ont été parfois en désaccord, ici la foi et la raison ont toujours affirmé et proclamé, avec la même énergie, la liberté humaine.

Est-ce possible de distinguer le Père de l'Eglise du philosophe dans ces paroles de Bossuet :

« Que chacun de nous s'écoute et se consulte, il sentira
« qu'il est libre, comme il sentira qu'il est raisonnable.

« Un homme qui n'a pas l'esprit gâté n'a pas besoin
« qu'on lui prouve son franc arbitre, car il le sent et ne sent
« pas plus clairement qu'il voit et qu'il raisonne. »

On dira, peut-être, que nous confondons deux choses essentiellement distinctes, le libre arbitre, c'est-à-dire le choix libre de tous les actes ordinaires de l'homme, et la liberté politique, et que l'intelligence souveraine a exclusivement donné à l'homme le libre arbitre d'après l'enseignement catholique, mais qu'il n'a jamais été question de la liberté politique, c'est-à-dire du droit accordé à l'homme, individu ou peuple, de se donner un gouvernement.

A cela on répond : Mais en donnant le libre arbitre à l'homme, Dieu ne lui a-t-il pas implicitement et réellement donné le droit de choisir son gouvernement ?

Est-ce que la religion catholique n'enseigne pas, sous peine d'hérésie, la croyance à la faculté absolue, illimitée, pour l'homme du choix de ses actes au point de vue de ses destinées éternelles ?

Fait-elle la moindre distinction des actes ordinaires de l'existence et des actes politiques ? Non! Elle déclare purement et simplement l'homme libre.

Eh bien, puisque, d'après les principes avoués de l'orthodoxie ; puisque, selon les enseignements sacrés de la foi catholique, l'homme reçoit en naissant la faculté incontestable de se perdre à jamais, de sacrifier ses destinées éternelles par l'usage abusif de sa liberté, comment et pourquoi ne pourrait-il pas se perdre temporairement et sacrifier, par le choix malheureux d'un mauvais gouvernement, ses destinées chétives et matérielles, sa vie éphémère tout entière ?

Le Christ n'a-t-il pas répondu lui-même à la question et ne l'a-t-il pas résolue affirmativement lorsqu'il a dit : Une seule chose est nécessaire :

« A quoi sert à l'homme de gagner le monde entier s'il « vient à perdre son âme ? »

On comprendrait des athées, des matérialistes, contester à l'homme le droit de choisir son gouvernement ; mais des hommes religieux, mais des croyants, adopter une semblable manière de voir, une pareille impiété, n'est-ce pas le comble de la déraison et de l'absurdité ?

Car qu'est-ce que la religion sans la liberté ?

Qu'est-ce que la société, qu'est-ce que l'organisation sociale sans la liberté d'où naît la responsabilité ?

Cicéron a dit qu'on bâtirait plutôt une maison en l'air que d'organiser une société sans religion.

On peut dire avec une certitude mathématique :

Sans la liberté pas de religion, sans la liberté pas de société civilisée, nulle organisation sociale rationnelle.

Car, si l'homme n'est qu'un rouage inconscient d'une

immense machine, quel procureur assez audacieux pour
requérir contre le coupable; quel juge assez audacieux
pour le condamner; quel bourreau assez audacieux pour
faire tomber sur lui le couperet fatal! . . . .

CHAPITRE II

**De la liberté découle le droit pour l'homme de
choisir son gouvernement — Réponse à une
objection — Caractères essentiels du gouvernement légitime.**

Puisque la religion a pour base principale la liberté de
l'homme; puisque la philosophie, c'est-à-dire la raison et la
conscience humaines, proclame également la liberté de
l'homme; puisqu'en dehors d'elle la responsabilité humaine
disparaît dans le gouffre horrible du matérialisme et dans
l'abîme affreux de l'athéisme sous ses formes les plus va-
riées; puisque sans la liberté les sociétés humaines, l'organisation sociale croulent par la base dans un indescriptible
chaos; puisqu'elles n'ont plus la moindre raison d'être; puisqu'elles ne seraient que l'incarnation hideuse du mensonge,
de l'hypocrisie et de la domination féroce et illégitime, nous
sommes donc forcé de reconnaître à l'homme le droit primordial, absolu, de se donner un gouvernement par le libre
exercice de sa liberté et de repousser comme une usurpation scélérate, comme un criminel attentat contre la plus
précieuse des prérogatives, tout gouvernement qui n'a pas
pris naissance dans les entrailles mêmes de cette liberté

primitive nommée, lorsqu'il s'agit de cette agglomération d'hommes qui constitue un peuple : la *Volonté nationale*.

Ainsi donc, liberté illimitée du choix, volonté nationale, volonté du peuple, sont des termes synonymes dont on peut user indistinctement pour caractériser et définir ce droit primitif, ces relations supérieures d'entre l'homme-individu, l'homme-peuple et l'intelligence suprême, source unique de toute souveraineté légitime, de tout gouvernement légitime.

On dira peut-être : si l'homme est absolument libre dans le choix de son gouvernement, s'il n'existe pas la moindre limite à l'exercice de ce droit, à la liberté de ce choix, n'aurait-il pas également le droit de rejeter toute idée de gouvernement, de vivre dans une anarchie perpétuelle, qui serait cette monstruosité rêvée par certains philosophes?

Au point de vue abstrait, absolu, le droit de l'homme est incontestable. Vivre à sa guise, par le plein exercice de sa liberté, aller même, s'il lui plaît, jusqu'à l'état sauvage, au point de vue social, c'est une prérogative émanée de Dieu lui-même et dont il peut, à son gré, user ou abuser sous sa responsabilité personnelle.

Mais l'homme-individu ou peuple peut-il, logiquement, faire un tel usage de cette liberté illimitée? Peut-il se constituer à l'état anarchique, repousser toute idée de gouvernement, tout principe d'autorité?

Résoudre affirmativement cette question, ne serait-ce pas le dernier des blasphèmes, l'imputation la plus mensongère et la plus odieuse contre la raison, contre l'intelligence humaine?

Est-ce que le Créateur, tout en créant l'homme libre, ne lui a pas fait en même temps le don merveilleux de cette sublime lumière appelée l'intelligence, la raison, le génie?

Dans cette intelligence, dans cette raison, dans ce génie,

n'y a-t-il pas d'autres attributs? Est-ce qu'il ne renferme pas l'idée précise de l'ordre? Est-ce que celle-ci n'entraîne pas logiquement à sa suite l'idée de gouvernement?

Oui, la raison humaine enseigne à l'homme son indépendance absolue, au point de vue du choix de son gouvernement, mais elle lui apprend non moins impérieusement la nécessité d'un ordre social, d'une hiérarchie sociale, la nécessité d'un gouvernement.

Eh bien, puisque l'homme isolé ou l'homme-peuple a le libre choix de son gouvernement; puisque d'autre part il lui faut un gouvernement; puisqu'en un mot les idées précises de liberté et de gouvernement sont corrélatives dans l'intelligence humaine, le gouvernement le plus légitime ne sera-t-il pas celui dont l'essence, dont la nature intime, humaine portera la plus légère atteinte à cette liberté souveraine, création divine contre laquelle le moindre attentat n'est pas seulement une insulte suprême à la raison, mais un crime de lèse-raison divine elle-même?

Le principal critérium de la légitimité, c'est donc le respect de la liberté de l'homme appliqué à l'idée de gouvernement.

Et le gouvernement le plus légitime ne sera-t-il pas celui qui, au respect de la liberté saura allier la pratique la plus vraie de l'égalité et de la justice distributive, par ses lois et ses institutions?

La Nature en créant l'homme libre ne lui conférait-elle pas, en même temps, le droit à l'égalité et à la justice distributive?

N'imposait-elle pas aux pouvoirs publics le devoir impérieux, suprême, de respecter ce droit?

CHAPITRE III

Quel est le gouvernement légitime? — Est-ce la branche aînée des Bourbons? — Est-ce la branche Cadette? — Est-ce l'Empire? — Est-ce la République?

I

Etant admise la nécessité inéluctable d'un ordre social, d'un gouvernement, cherchons donc, guidés par ce lumineux flambeau de la raison, quel est le gouvernement qui apporte le moins d'entraves au libre exercice de la liberté de l'homme, à la faculté de choisir dont l'a doté l'intelligence suprême; quel est le gouvernement dont la nature, dont l'essence même, assurera le mieux la pratique vraie de l'égalité et de la justice distributive; dette sacrée, obligation supérieure, indéniable, du pouvoir, de la puissance publique.

Déclarons illégitimes et usurpateurs ceux qui portent atteinte à cette merveilleuse faculté de choisir la forme du pouvoir, le pouvoir lui-même, à la justice distributive et à l'égalité, source réelle de la fraternité.

Saluons avec une joie patriotique le gouvernement respectueux de la liberté humaine, de l'égalité et de la justice distributive. Seul il est le droit divin, seul il est la *Légitimité*.

II

Est-ce la branche aînée ?

Si la France avait connu une seule forme de gouvernement, l'idée d'en contester ou d'en établir la légitimité ne fût peut-être pas venue à l'esprit. Mais quatre formes de gouvernement nous sont proposées, chacune d'elles réputée la meilleure par leurs adeptes respectifs, les partisans de l'une d'elles s'arrogeant même le droit exclusif à la légitimité ; examinons donc si ce prétendu gouvernement légitime n'est pas une erreur, un mensonge ou une usurpation.

Viendra ensuite l'examen de la légitimité des trois autres.

En consultant d'un œil rapide l'histoire de cette série de souverains, dont les premiers régnèrent sur des tribus errantes, et dont les derniers eurent l'insigne honneur de s'asseoir sur le trône de ce noble et beau pays, de ce pays prédestiné qu'on appelle la France, que voyons-nous ?

A l'origine, les membres de ces diverses peuplades qui furent le noyau de la nation française sont conviées, d'une façon plus ou moins sincère, à la nomination de leurs souverains. Ne leur faisait-on pas élever et contempler, sur le pavois, le chef chargé de les commander, et auquel chacun des Francs ripuaires devait obéissance ?

Ainsi, dans ces temps obscurs, le peuple semble prendre une certaine part à la nomination du chef suprême. Alors apparaît encore, à l'état confus, l'idée de la liberté dans le choix du gouvernement ; et avec la marche des siècles, on peut espérer de la voir grandir et s'accroître, en raison directe du développement de la civilisation ; mais, vaine espérance ! chimérique espoir ! Ici l'histoire de France vient à l'appui d'un des plus curieux paradoxes de Jean-Jacques Rousseau, à l'aide duquel il prétend établir que la civilisation rend l'homme mauvais.

Car, insensiblement, les rois de France montent sur le trône par droit de filiation et par droit de naissance, sans que le peuple soit appelé, au mépris du droit le plus sacré, à se prononcer sur le choix de son souverain.

La donnée si belle, si élevée, si rationnelle, si logique, de la liberté du choix, dont nous avons tout à l'heure démontré la réalité saisissante, disparaît donc pour faire place à cette création diabolique, à cette monstruosité gouvernementale, qui a fait de la légitimité du pouvoir une question de famille, une question de patrimoine, une question d'origine, une question d'hérédité.

L'hérédité ! Mais n'est-ce pas par une ironie sanglante de la destinée ; n'est-ce pas pour nous montrer l'erreur se souffletant elle-même, que les partisans de la légitimité gouvernementale l'ont choisie pour point d'appui, pour base exclusive de la transmission légitime du pouvoir ?

Comment s'étonner d'avoir vu se succéder, sur ce magnifique trône de France, tant de rois ineptes, flétris par l'histoire du nom de fainéants ?

Est-ce que des hommes, par cela seul qu'ils auront eu pour auteur commun un homme capable de gouverner et digne de s'asseoir sur un trône, peuvent logiquement espérer de voir se perpétuer, jusqu'à extinction de leur race, les éminentes qualités, les merveilleuses facultés si nécessaires à un souverain ?

Y a-t-il lieu de s'étonner aujourd'hui des souffrances iniques, des misères atroces, endurées par le peuple, par nos pères, durant ces longs et lamentables siècles, qui ont précédé la Révolution française, la première République ?

Où étaient la garantie nécessaire, la sauvegarde des droits du peuple, quand le commandement suprême, la puissance souveraine, étaient échus à un homme par droit de naissance ?

Où, le rempart des sujets contre les caprices, la fantaisie ou la tyrannie du Maître ?

Quels étaient l'abri, le recours des malheureux prolétaires contre les prétentions exorbitantes des favoris du souverain, eux qui étaient favoris et puissants par droit d'hérédité, comme le souverain lui-même ?

Ne se croyaient-ils pas d'une nature supérieure, ceux qui se voyaient constamment placés en haut de l'échelle sociale, tandis que des masses immenses gisaient à terre, fixées au sol, par le jeu régulier des institutions de bon plaisir ?

Ah ! quelle nuit horrible enveloppait alors les vrais principes d'égalité et d'origine commune !

Ah ! on s'explique facilement, sous un pareil régime, les tailles iniques, les corvées arbitraires, le dur servage, imposés si longtemps, si injustement, à tant de générations humaines ! Au lieu de vivre sous la sauvegarde des droits inaliénables, inscrits par Dieu lui-même dans la conscience humaine, ne vivaient-elles pas sous la férule d'hommes qui, oublieux de leur origine commune avec leurs gouvernés, les considéraient exclusivement comme des instruments de leurs plaisirs ou de leurs convoitises insatiables !

Et c'est là ce régime qu'on a osé qualifier de gouvernement légitime !

Lui qui, au mépris de la loi divine, avait confisqué pour jamais au peuple le droit éternel et inaliénable, inscrit dans l'intelligence humaine, de choisir son souverain et son gouvernement !

Lui, dont le mécanisme gouvernemental, dont les lois et les institutions étaient des iniquités révoltantes contre l'égalité humaine et la justice distributive !

Lui, qui avait créé ces castes héréditairement dominatrices, sangsues faméliques attachées au flanc des classes inférieures; négation monstrueuse de la liberté, de l'égalité et de la fraternité !

Non, il n'est pas la légitimité; non, il n'est pas le gouvernement légitime !

Et s'il n'était une erreur grossière née de l'ignorance et de la barbarie, il serait nécessairement une usurpation impie, un mensonge abominable, une infernale imposture !

III

Est-ce la branche Cadette?

Puisque la légitimité de la branche aînée est une erreur qui a vécu, examinons si la branche cadette, si la monarchie constitutionnelle ne serait pas le gouvernement légitime, objet de nos investigations.

Hélas, quoiqu'elle soit une nouvelle étape, un progrès incontestable vers la vérité politique, elle n'est pas davantage la légitimité.

Car, comme sa sœur aînée, comme sa devancière, elle a consacré dans ses institutions cette doctrine impie, cette absurde transmission du pouvoir par l'hérédité, sans se soucier nullement de ce droit sacré et primordial de choisir son souverain et son gouvernement, droit divin véritable, concédé à l'homme par le Créateur lui-même.

Et de plus, au mépris de l'égalité et de la liberté origi-
nelles, en déchirant la Genèse et l'Évangile, n'est-ce pas la
monarchie constitutionnelle qui avait créé ces sortes de pa-
rias politiques, exclus de la vie électorale, privés du droit
de choisir leurs représentants, parce qu'ils étaient pauvres?

L'infortune d'être nés déshérités n'était pas un supplice
suffisant pour la masse des prolétaires, la monarchie constitutionnelle les humiliait encore en inscrivant, par une
sorte d'ironie amère, leur pauvreté, leur misère imméri-
tées, dans ses lois et dans ses institutions !

Et cependant tous ces citoyens, pauvres ou riches, n'é-
taient-ils pas les enfants d'un même père?

Petits ou grands, n'avaient-ils pas le droit impérieux de
jouir des prérogatives natives dont il les avait dotés ?

Ne leur avait-il pas conféré, ce père céleste, à tous indistinctement, censitaires ou non censitaires, le droit supérieur à toute loi, à toute institution humaine, d'user de
leur part de liberté et de responsabilité, pour choisir leur
gouvernement et leurs institutions sociales ?

Et si le hasard de la naissance ou les caprices de la
fortune ne les avaient pas tous enrichis, la nature les
avait certainement faits tous libres et responsables !

Aussi, n'est-il pas naturel de considérer comme illégitime une forme de gouvernement qui classait les citoyens
d'après cette chose éphémère, contingente, et de pure con-
vention, appelée l'or et l'argent : chimère dangereuse qui
est l'abondance, l'opulence hautaine aujourd'hui, pour
être la misère demain, au lieu de s'appuyer, pour les clas-
ser, sur ce roc indestructible, ce rayon de l'éternité : l'intelligence et la liberté ?

Avec un pareil système gouvernemental, d'après lequel
l'excellence des citoyens se réduit à une misérable question
d'argent, une nation ne sera-t-elle pas forcément la proie

de la décrépitude morale, et les appétits grossiers, c'est-à-dire la bêtise, la brutalité, ne tiendront-ils pas en laisse l'intelligence ?

Et bientôt l'étranger, mû aussi par de stupides appétits, passera la frontière et supprimera de la carte du monde un peuple digne de la servitude, puisqu'il aurait sacrifié à la matière qui ravale, l'intelligence et la liberté, source unique de la véritable noblesse et de la vraie grandeur de l'homme.

Monarchie constitutionnelle, tu es un tissu d'erreurs et de contradictions; tu as porté une main impie sur l'intelligence et la liberté humaines; tu as renié l'œuvre divine en sacrifiant l'égalité et la justice distributive, en mutilant par tes lois et tes institutions la volonté nationale.

Tu n'es donc pas la forme légitime du pouvoir, tu n'es donc pas la légitimité !

IV

Est-ce l'Empire ?

Si la branche aînée et la branche cadette ne sont ni l'une ni l'autre la légitimité, allons-nous trouver dans l'impérialisme ce respect absolu, sincère, de la liberté; cet amour profond de l'égalité et de la justice distributive, caractère essentiel du gouvernement légitime ?

Le respect de la liberté !

Ah ! n'est-ce pas une profanation impie, un blasphème atroce, que d'en prononcer le nom lorsqu'il s'agit de l'empire ?

L'empire ! N'est-ce pas la violence éhontée et le cynisme de l'usurpation ?

Deux hommes ont représenté à quelqu... ps d'inter-
valle cette forme de gouvernement ; tous deux montent sur
le trône par le meurtre et la suppression de toutes les libertés, en trahissant, en annihilant la volonté populaire,
la résultante de toutes les volontés libres d'un peuple : la
Volonté nationale.

Qu'ont-ils fait de la représentation nationale le 18 bru-
maire et le 2 décembre ?

L'un la jette par la fenêtre, l'autre la garrotte, la traîne
en prison, la fait fusiller dans la rue ou l'envoie en exil,
chacun d'eux s'écriant dans un orgueil fol et insensé : Moi
seul, et c'est assez !

Silence aux représentants du peuple, silence à la presse,
silence aux publicistes, silence à tout ce qui pense, silence
aux petits, silence aux grands ; à eux seuls la parole, à eux
seuls le pouvoir.

Pauvre France, ils l'avaient bâillonnée !

Ils parlaient, ils légiféraient, ils décrétaient, ils guer-
royaient, ils votaient même en son nom !

Et pour comble d'audace, ils lui affirmaient qu'elle était
libre ! Ironie suprême ! ils lui montraient le symbole de
l'affranchissement : le drapeau tricolore !

Pendant ce temps-là, toutes ses capacités, toutes ses il-
lustrations, tous ses hommes de génie, devaient se taire ou
passer la frontière, afin de confier leur liberté et leur sécu-
rité personnelles à la foi d'un peuple étranger !

Telle était la justice distributive de l'empire ; telle sa
méthode de pratiquer l'égalité !

C'est pourquoi l'impérialisme sera toujours, aux yeux des
esprits impartiaux et amis de la vérité, l'incarnation de
l'illégitimité flagrante ; il sera également un crime affreux,
digne de toutes les malédictions de l'histoire et du peuple
français, tant qu'on n'aura pas chassé, expulsé de l'intelli-

gence humaine les notions éternelles du droit et du devoir, les notions de liberté pure, absolue, véritables origines de la volonté nationale, de la souveraineté nationale.

L'impérialisme ne fut pas seulement le plus grand des attentats contre la souveraineté du peuple, il fut aussi le comble du mensonge et de l'hypocrisie.

Car, après avoir feint de s'appuyer sur la volonté nationale et de la considérer comme la source de la vraie légitimité, il l'annihilait, il l'enfermait pour jamais dans le labyrinthe de l'hérédité.

Car, après avoir détruit par le parjure, le mensonge et la trahison les constitutions républicaines émanées du libre exercice de la volonté du peuple, il arrachait au peuple, par la fraude et la terreur, la ratification de ses crimes et de ses forfaits.

Aussi, quelle prompte, quelle terrible expiation!

La violence et la force brutale avaient créé deux empereurs, la violence et la force brutale les précipitèrent tragiquement du trône, sans leur laisser même le privilége réservé au dernier des malheureux :

La pitié!

Napoléon Ier devançant le châtiment de la justice éternelle, se livrait lui-même, comme un autre Judas, expirait dans une amère captivité, sur un roc solitaire de l'Atlantique, sous la garde des flots, sous l'œil vigilant d'un geôlier, comme un dangereux malfaiteur.

Napoléon III terminait son règne dans cette mare de sang, dans ce bourbier infect et sans fond creusé par son ineptie, dans cette lamentable capitulation de Sedan, où il a englouti d'un seul coup trône, épée, sceptre et couronne.

Preuve manifeste, argument irréfutable de l'impuissance inepte, de l'orgueil insensé de ceux qui se croient supérieurs à un Parlement, à l'élite d'une nation, à la nation elle-même!

Démonstration rigoureuse qu'un peuple ne doit jamais abdiquer sa liberté et la remettre aux mains d'un seul homme : preuve péremptoire qu'avec même du génie, il ne faut jamais s'attribuer la mission de sauver un peuple. Car tous les sauveurs se perdent eux-mêmes et poussent les nations à la ruine.

Quand une nation est en péril, à elle seule de conjurer le danger; quand elle se perdrait, à elle seule le droit de se sauver ou d'appeler à son secours.

Car elle a la liberté et la responsabilité; car elle supporte, elle seule, les conséquences de ses fautes et de ses erreurs; et c'est une usurpation impie que de vouloir la sauver, si elle n'en a préalablement conféré le mandat.

Et maintenant, instruisez-vous, fléau des peuples, prôneurs et faiseurs de coups d'Etat, contempteurs farouches de la liberté des peuples et de la Souveraineté nationale!

Portez, si vous l'osez, votre main sacrilége sur l'arche sainte politique, sur les arrêts de la souveraineté nationale et de la volonté populaire.

Pendant que vous préparez dans l'ombre votre infâme guet-apens, la justice inflexible vous surveille, l'œil invisible, le grand scrutateur vous guette.

Prenez garde!

L'ange exterminateur a ceint son épée, ce glaive inexorable sur lequel on lit : *Vox populi, vox Dei.*

La voix du peuple, c'est la voix de Dieu!

Après vos attentats contre la liberté et la souveraineté des peuples, après la tyrannie, après l'arbitraire, après l'absolutisme, il vient; et qu'apporte-t-il?

Un grand poëte vous l'a dit :

C'est le châtiment!

V

Est-ce la République?

Les trois formes de gouvernement dont nous venons de parler n'ayant ni l'une ni l'autre le critérium, les caractères distinctifs de la légitimité, examinons donc si cette République, cause de tant d'effroi simulé ou réel, n'est pas elle-même cette forme de gouverne..ent prédestinée à laquelle appartient de droit divin, de droit éternel, le sceptre de l'humanité.

A l'encontre des monarchies dont nous venons de parler, elle proscrit l'hérédité; elle ne reconnaît d'autre base de ses institutions que la liberté, cette émanation suprême des principes éternels.

Répudiant les mesures préventives, les restrictions apportées à la manifestation de la pensée sous le nom de censure, d'autorisation préalable, etc., etc., la République pose en principe le droit sacré d'émettre la pensée, au lieu de la condamner au silence, sans songer s'il n'y aurait pas quelque profit pour la société de sa libre manifestation.

N'est-ce pas une solution plus vraie, plus conforme à la dignité, à la grandeur de l'homme, de lui laisser la libre diffusion de ses idées, au lieu de l'assujettir au servage des cautionnements en espèces?

Car, qu'est-ce que l'argent, comparé à la liberté, à la dignité et à l'honneur de l'homme?

Liberté de conscience, liberté des cultes, liberté de

réunion, liberté d'association, non plus comme avec la monarchie, sous la protection de l'arbitraire, mais sous la sauvegarde des lois éternelles et des lois positives, émanées de l'initiative spontanée des citoyens.

Et quoi de plus logique, de plus actuel que cette liberté d'adorer et de croire, lorsque l'idée religieuse a eu l'appui officiel du pouvoir, sous la forme de tant d'erreurs gros·sières et de superstitions insensées?

Quel remède plus efficace que la liberté des croyances et des cultes, en présence de tant de systèmes religieux qui s'anathématisent réciproquement en s'appropriant tous le monopole de la vérité?

Quoi de plus noble et de plus chrétien que cette liberté de réunion qui permet aux pauvres d'échanger leurs idées, de soutenir leurs intérêts, de chercher en commun l'amélioration de leurs situations précaires, le soulagement de leurs misères physiques et morales?

Liberté absolue de choisir le chef du pouvoir exécutif, constamment soumis au contrôle de l'autorité souveraine du peuple, auquel celui-ci renouvelle ou retire le pouvoir selon l'usage bon ou mauvais qui en a été fait par lui.

Liberté complète dans la création du pacte fondamental de la Constitution par la nomination, faite librement par les citoyens, des mandataires chargés d'élaborer et de fixer les principes de cette Constitution destinée à régler et à définir les relations des grands pouvoirs de l'Etat et ceux du peuple lui-même.

Liberté absolue, illimitée, dans le choix des représentants chargés de faire les lois et de créer des institutions sociales, propres à assurer le bien-être matériel et moral de tous les citoyens; au rebours de ces pouvoirs absurdes qui prétendent faire cette alliance monstrueuse, hypocrite, du suffrage universel avec la monarchie, la République proscrit comme illégitime toute ingérence de l'administration dans les assises populaires, dans l'exercice de la souveraineté nationale.

Liberté souveraine du choix des ministres exclusivement sortis du Parlement issu lui-même des suffrages du peuple.

Liberté du choix des fonctionnaires nommés par le pouvoir exécutif, émané également de la volonté souveraine, de l'élection libre du peuple lui-même.

Liberté vraie de contrôler les actes du pouvoir par la liberté de la presse et de la parole; mais responsabilité immense au point de vue de l'exercice régulier, normal de cette liberté même, eu égard à la faiblesse et à la fragilité de l'esprit humain.

Ainsi donc plus nous fouillons l'idée républicaine, plus nous examinons avec la froide raison le gouvernement républicain, plus se dégage puissante l'idée de liberté, l'idée de respect pour ce droit absolu, primordial, de choisir, conféré par la nature elle-même à l'homme isolé ou à l'homme-peuple.

Là où la Monarchie dit : pression, mesures préventives, coercitives, la République dit : Liberté, Liberté, et toujours Liberté.

C'est l'écho de la voix divine traversant la conscience humaine et les institutions sociales!

Ce n'est plus cette liberté distribuée miette à miette, comme sous la monarchie, par les mains d'un pouvoir avare et arbitraire; c'est, au contraire, la liberté tombant des mains du pouvoir avec cette libéralité spontanée, illimitée, avec cette générosité infinie, caractère distinctif de la libéralité de la nature elle-même.

Mais, puisque la liberté est l'âme des institutions républicaines, la justice distributive existe-t-elle, peut-elle exis-

ter dans le gouvernement républicain? La République ne
l'a-t-elle pas sacrifié comme le principe monarchique lui-
même?

Assurément non ; car la justice distributive est l'essence
même du gouvernement républicain.

La République n'est-elle pas le gouvernement du peuple
par le peuple, le gouvernement de tous les citoyens au
profit de tous les citoyens?

Son but pratique est-il autre chose que la satisfaction légitime des intérêts de tous?

En effet, il n'y a plus sous la République, comme sous
la monarchie, des hommes et des classes placés entre le
peuple et le souverain, auxquels celui-ci doit plaire avant
de songer à travailler dans l'intérêt des masses.

Le souverain est placé par le suffrage universel au
poste suprême pour travailler au bonheur de tous, de
concert avec les mandataires choisis librement par le
peuple lui-même parmi les pauvres, parmi les riches, parmi
les nobles, parmi les gens titrés et parmi les roturiers.

Il n'est plus question d'origine, de naissance, de caste;
le mérite seul conduit aux charges publiques, aux honneurs,
aux dignités de l'Etat : le mérite seul et l'accomplissement
patriotique du devoir y maintiennent.

Souverain et mandataires du peuple ont fait un pacte, un
serment solennel : ils ont juré de travailler en commun au
bonheur de chacun et au bonheur de tous, par la pratique
loyale, sincère de la liberté, de l'égalité et de la justice distributive.

La monarchie, au contraire, est un contrat, un acte sy-
nallagmatique entre deux priviléges, entre deux illogismes:
l'hérédité et les classes privilégiées.

L'hérédité s'est engagée à soutenir, à favoriser envers
et contre tous, les classes privilégiées et celles-ci, par récipro-

cité, ont dû s'engager à favoriser l'hérédité de toute leur énergie.

L'hérédité qui, comme toute erreur, a besoin d'auxiliaires stipendiés pour triompher de la raison et pour se maintenir a dit à certains hommes et à certaines familles :

Si vous me défendez, à vous les faveurs, à vous les priviléges, à vous la fortune, à vous les jouissances du pouvoir, à vous la domination, les dignités, à vous les honneurs, à vous la direction et le commandement des masses.

Et ces hommes et ces familles ont répondu : Nous vous soutiendrons !

Un tel contrat peut seul expliquer la durée séculaire de l'erreur monarchique, de l'hérédité qui est, nous l'avons démontré, la négation de la liberté conférée à l'homme par la raison suprême.

Ainsi donc, de même qu'il est essentiel pour la monarchie d'avoir des courtisans, des flatteurs, des citoyens à l'état de castes privilégiées et de classes dirigeantes, ainsi il est de l'essence même du régime républicain de pratiquer l'égalité, de mépriser le favoritisme, le népotisme, l'esprit de caste et de veiller avec la plus scrupuleuse sollicitude, la plus ardente vigilance, à la répartition la plus équitable, la plus vraie, des charges et des avantages sociaux.

Et, d'ailleurs, n'avons-nous pas vu la République, malgré les embûches semées sur sa route, malgré les complots incessants destinés à la renverser, créer le service militaire obligatoire pour tous les citoyens, tandis qu'il n'était sous la monarchie qu'une corvée périlleuse dont les pauvres seuls ne pouvaient s'affranchir ?

N'a-t-elle pas tenté, par ses adeptes sincères, de créer une répartition plus équitable de l'impôt, ce gisement affreux de tant d'iniquités et d'erreurs économiques ?

Ne demande-t-elle pas tous les jours, en vain, de nouvelles améliorations, au nom de la justice distributive et de l'égalité ?

Et n'a-t-elle pas le droit de s'écrier avec le poète :

Video meliora proboque, deteriora sequor!

CHAPITRE IV

La Légitimité, c'est la République — Autres preuves de sa légitimité

Ainsi donc, de l'examen auquel nous venons de soumettre les différentes formes de gouvernement, au nom desquelles on voudrait s'emparer de la France, la République est seule compatible avec l'exercice absolu, complet, réel, de cette liberté primitive, illimitée, donnée à l'homme par la nature elle-même.

Seule, elle peut admettre, sans forfaire à ses principes essentiels, la justice distributive et l'égalité.

Or, n'avons-nous pas établi et prouvé que le seul gouvernement logiquement en droit de porter le titre de gouvernement légitime était celui qui portait la moindre atteinte à cette liberté absolue du choix du gouvernement conférée à l'homme par la divinité elle-même ; celui dont les principes assuraient le mieux la pratique, l'application vraies de l'égalité et de la justice distributive.

Nous sommes donc logiquement en droit de conclure que le gouvernement le plus rationnel, le plus légitime, c'est la République ; qu'elle a exclusivement le droit de re-

vendiquer, à l'exclusion de toutes les autres formes du pouvoir, le titre de *Légitimité*.

Une seconde raison encore vient démontrer que la République est réellement le gouvernement le plus légitime.

C'est qu'il est, de tous les gouvernements, le seul modelé
sur l'architype de tous les autres : le gouvernement de
l'Être éternel sur les races humaines.

En effet, de même que l'intelligence suprême a pris pour
base de son gouvernement sur le monde la liberté illimitée, avec la responsabilité absolue, de même le gouvernement républicain repose sur la liberté, qui a pour sanction
immédiate la responsabilité des citoyens.

Au lieu d'interdire par des institutions, par des mesures
et des lois préventives, l'exercice de la liberté humaine, la
République le consacre par sa législation, de même que
la nature l'a gravé au fond de la conscience humaine.

Or, où trouvera-t-on un gouvernement type, supérieur
et plus légitime que celui de la Divinité sur le monde ; et
n'est-ce pas avouer la supériorité du régime républicain ;
n'est-ce pas prouver péremptoirement sa légitimité, de
constater qu'il a été modelé sur le gouvernement d'un être
essentiellement sage : l'intelligence suprême elle-même?

Indépendamment de ces preuves, toutes rationnelles,
mais évidentes, de la légitimité du gouvernement républicain, cette légitimité ressort également de deux raisons
historiques que nous allons faire connaître.

Et d'abord, lorsque le second empire s'est fondé par le
parjure et la violence, quel était le gouvernement légal et
régulier de la France?

N'était-ce pas la République?

Or, l'empire s'effondrant brusquement, sous le poids de
ses fautes et de son crime originel, n'était-ce pas à la Répu-

blique que revenait légitimement le gouvernement de la France?

Lorsque des malfaiteurs expulsent les armes à la main ou par la force brutale le véritable propriétaire d'un domaine, n'est-ce pas à ce propriétaire dépossédé, n'est-ce pas à lui seul de rentrer dans sa propriété, aussitôt que cesse l'état de choses violent qui l'en avait éloigné?

Oui, l'évidence en est saisissante. La chute de l'empire amenait nécessairement la revendication du pouvoir par la République.

Et le Quatre-Septembre, la République était indubitablement le droit évincé rentrant dans son domaine; elle était la légitimité.

Aussi, la raison est confondue, comme anéantie, lorsqu'on voit, aujourd'hui, parmi les adversaires de la République, des légitimistes et des orléanistes, eux qui ont cherché à livrer à la haute Cour le prince-président, comme coupable du crime de haute trahison, parce qu'il avait violé la Constitution et cherché à renverser le gouvernement républicain, eux qui ont ensuite déclaré l'empire responsable de la ruine, de l'invasion et du démembrement de la France.

Si le coup d'État de décembre a été un attentat criminel contre la Constitution, lors de sa perpétration, si l'empire, né de cet attentat, était alors une usurpation, pourquoi, par la plus illogique et la plus immorale des politiques, voit-on aujourd'hui travailler en commun légitimistes, orléanistes et bonapartistes, à la destruction, à l'anéantissement de cette République, rentrée en possession de son héritage usurpé ???

On a vu des misérables s'allier à des misérables pour marcher contre le droit, mais jamais le monde n'a vu d'honnêtes gens prêter main-forte à des malfaiteurs pour leur aider à reprendre des objets volés, remis par la force des choses aux mains du propriétaire légitime !

Le second fait historique qui démontre la légitimité du gouvernement républicain en France, c'est l'adhésion réitérée du peuple français à cette forme de gouvernement.

Plus on le consulte et plus il répond impérieusement : Vive la République! A la candidature officielle, à l'intimidation, aux manœuvres, aux calomnies, aux mensonges destinés à l'égarer et à lui faire nommer des mandataires ennemis de la République, il répond par ses bulletins de vote : Vive la République!

Eh bien, puisqu'un peuple a, de par Dieu lui-même, la liberté de choisir son gouvernement, nous l'avons démontré, est-ce que la République n'est pas pour la France le gouvernement le plus légitime? Est-ce qu'elle n'a pas le droit absolu, exclusif, de porter sur son front cette couronne, ce merveilleux diadème de la légitimité, don spontané, don gracieux de la volonté nationale?

La langue française elle-même vient à notre secours, elle apporte son tribut de preuves à la légitimité de la République.

Ne définit-elle pas la légitimité ce qui est conforme à la loi, à la justice, à la raison?

Or, la République n'a-t-elle pas ce caractère de conformité légale depuis la création des lois constitutionnelles qui ont établi le gouvernement républicain ?

Nous l'avons démontré péremptoirement: seule, elle est exclusivement et essentiellement le gouvernement le plus conforme à la justice, non à la justice contingente et variable des êtres humains, mais à cette justice éternelle, absolue, inspiratrice unique de toute loi et de toute institution équitable.

Enfin, en dernière analyse, n'est-elle pas le seul gouvernement conforme à la raison, elle, dont le gouvernement, les lois et les institutions sont l'application rigoureuse des principes de la raison suprême; elle, qui est modelée sur l'archytype gouvernemental, sur le gouvernement de la sagesse suprême elle-même, dont la monarchie est au contraire la négation radicale, la condamnation suprême?

CHAPITRE V

Conclusion

Oui, la République est la vraie légitimité.

Seule, elle a rejeté tout pacte avec l'erreur, le mensonge et l'usurpation; seule, elle porte avec elle le caractère distinctif de cette dernière étape, de ce but suprême, aspiration souveraine des peuples: *La vérité politique.*

Erreur, mensonge, usurpation, voilà, au contraire, nous l'avons établi, la nature des trois autres formes de gouvernement qui se disputent la France.

Aussi adjurons-nous les hommes de bonne foi, les âmes droites, dont le seul mobile est un patriotisme sincère, un ardent amour de la vérité, d'abandonner à jamais cette idée chimérique de monarchie légitime, puisqu'il n'y a de légitime que la liberté, la volonté nationale et la République.

Nous leur rappelons le mot de saint Remi à Clovis, en lui faisant abjurer l'erreur pour le soumettre aux lois de la vérité: Adorez ce que vous avez brûlé et brûlez ce que que vous avez adoré.

Agenouillez-vous devant cette noble figure de la République, si honnie, si vilipendée, si odieusement calomniée, et dont le principe essentiel remonte à Dieu lui-même en qui vous croyez.

Car, nous l'avons prouvé, c'est le seul gouvernement logique, rationnel pour tout esprit spiritualiste et, s'il est le gouvernement de tous par tous, il est nécessairement et avant tout le gouvernement de ceux qui croient.

Ne lui refusez donc plus vos suffrages éclairés, vos libres adhésions au nom de la conservation sociale et religieuse, deux sources empoisonnées d'erreurs et de crimes contre le vrai droit divin, contre la souveraineté du peuple, contre la science et contre la divinité elle-même.

N'est-ce pas la conservation sociale et religieuse qui versa au sage Socrate cette ciguë, ce fatal breuvage qui enleva au monde une des premières étoiles de la philosophie spiritualiste ?

N'est-ce pas la conservation sociale et religieuse qui mit au front du Christ l'infâme bandeau de l'imposture et n'est-ce pas elle qui a vomi sur ce juste par excellence les affreuses calomnies qui l'ont fait expirer entre deux voleurs ?

N'est-ce pas la conservation civile et religieuse qui fit expirer dans les flammes d'un bûcher la sublime libératrice du sol français, l'héroïque fille de Domremy, cette inimitable Jeanne d'Arc, génération spontanée, merveilleuse, de la patrie en danger, du plus pur et du plus élevé patriotisme ?

N'est-ce pas au nom de la conservation sociale et religieuse qu'ont eu lieu à travers les siècles ces hécatombes criminelles, ce martyre perpétuel des amis de la science, de la vérité, du droit et de la liberté ?

Écoutez Socrate, écoutez le Christ, rappelez-vous Jeanne d'Arc et son horrible bûcher, rappelez-vous tous ces martyrs héroïques expirant dans d'affreux supplices, au nom de la conservation sociale et religieuse.

Ecoutez-les, ces victimes sublimes; prêtez l'oreille à leur appel suprême, à ce généreux accent de pardon, écho plaintif de leurs âmes héroïques.

Elles vous rappellent leurs supplices immérités, nés de l'ignorance et de la barbarie; et tout en pardonnant l'erreur de leurs bourreaux, dévoilés par le progrès, elles vous crient du fond de leur tombeau :

« Il n'est pas étonnant que l'homme se trompe; mais il « ne persévère dans l'erreur que par suggestion du diable. »

Errare humanum est; perseverare diabolicum.

Ah! reniez donc comme une idée funeste ce fatal principe de conservation sociale et religieuse qui, en mélangeant des choses essentiellement distinctes, conduit logiquement à cette absurde et dangereuse doctrine du dogmatisme politique et qui crée des barrières à l'intelligence humaine, dans un domaine où Dieu lui-même a donné à l'homme la liberté la plus absolue.

Appliquez et laissez pratiquer ce principe éminemment moral et civilisateur, source de tout progrès scientifique et moral : *In dubiis libertas.*

Dans les choses non définies, la liberté.

Cessez, par respect pour votre intelligence, de mêler les choses profanes aux choses sacrées, la religion et la politique.

Car, si la foi religieuse assigne des bornes aux investigations de la raison, la foi politique ne connaît pas de barrières dans le vaste champ de la discussion; elle fait, au contraire, partie de ce monde illimité d'idées dont l'Écriture a dit : *Tradidit mundum disputationi eorum.*

D'ailleurs, quel homme censé et de bonne foi oserait soutenir que notre état politique et social est arrivé aux extrêmes limites de la perfection ?

Ne reste-t-il plus rien à faire pour améliorer le sort des classes pauvres ?

N'y a-t-il plus rien à changer dans la répartition actuelle des charges et des avantages sociaux ?

Peut-on dire de la France : Tout est pour le mieux dans le meilleur des pays possibles ?

N'y a-t-il pas un seul abus à réformer, pas un iota à changer dans nos institutions sociales ?

Devons-nous croire cela comme un dogme, sous peine d'hérésie et de damnation éternelle ?

On le croirait plus volontiers, sans les plaintes légitimes, quotidiennes, des malheureux à qui on ravit un droit, une propriété, l'héritage paternel; qui ont perdu des procès, faute d'avoir pu suivre leurs adversaires riches sur le terrain de la chicane, faute d'avoir pu monter avec eux le dernier degré de juridiction.

On le croirait plus volontiers si la gratuité de la justice balançait les chances du pauvre et du riche devant les tribunaux.

On le croirait plus volontiers s'il n'y avait encore dans notre pays des fonctionnaires payés par les contribuables qui gardent, vis-à-vis de ceux-ci, la morgue hautaine et le sans-façon méprisant du régime féodal.

On le croirait plus volontiers si la bureaucratie, si certains fonctionnaires, si certaines positions officielles ne rappelaient pas la dîme, les tailles, les corvées et tout l'attirail odieux de l'ancien régime.

On risquerait de se laisser persuader si, depuis la Révolution française, nous n'avions vu une véritable dynastie de serre-frein user leurs forces à enrayer le char du pro-

grès et à retarder l'avénement de la justice gouvernementale et de la vérité politique.

Mais n'avons-nous pas vu la justice distributive, l'égalité,
rester lettre morte durant et après des siècles de monarchie?

Ne voyons-nous pas certaines classes de citoyens, espèce
de malfaiteurs patentés, à l'abri des lois, à l'état de révolte
ouverte contre le droit de propriété, obligés, par l'imperfec-
tion et le vice des institutions sociales, de dévorer la sub-
stance et le sang des classes pauvres, pour se soustraire
eux-mêmes au sort des malheureux qu'ils exploitent im-
punément? . . . .

Et, d'ailleurs, est-ce que la politique et les institutions
sociales d'un peuple ne seront pas toujours soumises à la
loi ascendante du progrès et de la science économique?

Séparez-vous donc résolûment de cet esprit de parti ridi-
cule et rétrograde, négation avouée de toute idée novatrice,
de toute conquête du génie humain.

Laissez à d'autres les alliances monstrueuses avec les en-
trepreneurs de coups d'État, avec les amis forcenés de la
violence et de la force brutale; arrière ces compromis hon-
teux dont la durée vous déshonorerait!

Embrassez résolûment la foi républicaine.

Apportez le concours de vos lumières et de votre patriotisme aux nouvelles institutions du pays. Bannissez
toute crainte chimérique, car, si l'intelligence suprême a
fait don à l'homme d'une liberté illimitée, elle a également
gravé dans son cœur les notions éternelles du juste et de
l'injuste, du vrai et du beau; véritable contre-poids, rempart inexpugnable contre l'usage abusif, antisocial et anti-
religieux de la liberté elle-même.

Et vous, contempteurs de la volonté souveraine du peuple,
forcenés de la violation du droit, méprisez, si vous l'osez, les

terribles leçons de l'histoire, portez, comme vos chefs d'é-
cole, une main sacrilége sur le suffrage universel et sur ses
arrêts souverains.

Si le sort de Louis XVI, si l'exil de Charles X et de
Louis-Philippe ne vous émeuvent pas; si la fin tragique de
Napoléon Ier, si la fin lamentable de Napoléon III ne suffisent
pas pour vous arrêter, songez qu'un jour l'histoire vengeresse
clouera vos noms infâmes au pilori de l'exécration publique,
jusqu'à la postérité la plus reculée.

Et un jour, dans ces lieux mal famés, mal hantés, hideux
réduits du crime et du rebut de la société, quand un forçat
évadé aura épuisé vis-à-vis d'un de ses collègues en rupture
de ban le vocabulaire des plus violentes injures, des plus
sales grossièretés, il lui jettera à la face vos noms mau-
dits, comme la suprême insulte !

Ainsi donc, qui que vous soyez et quoi que vous fassiez,
vous conspirerez en vain contre la République; elle triom-
phera toujours de vos trames et de vos complots, parce
qu'elle est le droit et la légitimité.

Elle est le droit parce qu'elle est une création spontanée
de la liberté du peuple, liberté émanée elle-même du droit
éternel.

Elle est la légitimité parce qu'elle est conforme à la loi,
à la justice et à la raison.

Elle est la légitimité parce qu'elle respecte et consacre
le libre exercice de la liberté, conféré au peuple par la Nature elle-même.

Elle est la légitimité parce qu'elle a été modelée sur le pro-
totype de tous les gouvernements, sur le gouvernement de
la divinité sur le monde.

Elle est la légitimité parce qu'elle est rentrée le 4 sep-
tembre dans son domaine usurpé pendant la nuit de décembre par les fondateurs de l'empire.

Elle est la légitimité parce que la volonté du peuple l'a instituée, parce que la volonté du peuple a signifié plusieurs fois son intention formelle de la conserver et de la maintenir.

Et la volonté du peuple, c'est la volonté de Dieu.

Vox populi, vox Dei!

Quand vous auriez des poumons d'airain et l'outre d'Eole avec tous les vents, jamais vous ne dominerez le souffle puissant de la volonté populaire; jamais vous n'imposerez silence à la raison, à la conscience humaine, écho fidèle de la conscience suprême.

Quand vous appelleriez à vous les sombres amis des ténèbres; quand vous réuniriez sous le drapeau de l'erreur politique une armée dont les pas feraient osciller le sol terrestre, une armée dont l'ombre obscurcirait le soleil, une armée dont la voix serait assez puissante pour rompre l'équilibre du monde et faire le chaos, tous les cris, tout le fracas indescriptible des astres et des planètes roulant dans l'espace, se ruant et se brisant les uns contre les autres, ne domineront jamais la voix formidable d'un peuple acclamant la République, la liberté, le suffrage universel; parce que ses acclamations sont l'écho des acclamations de la raison suprême; parce que la voix du peuple, c'est la voix de Dieu. *Vox populi, vox Dei.*

Car l'Écriture le dit : On n'est jamais fort contre Dieu !

Si Deus nobiscum, quis contra nos?

Dijon, imprimerie F. Carré.

139

www.ingramcontent.com/pod-product-compliance
Lightning Source LLC
Chambersburg PA
CBHW060756280326
41934CB00010B/2507